Schau, wie frech er damit schnappt!
Ob das auch mit Fingern klappt?

Die Pfaueneltern verbringen Zeit
mit ihren Küken.
Sie schnattern, kuscheln
und behüten!

Lass auch uns zusammenrücken
und uns einmal
ganz fest drücken!

Die Lamas können sehr viel futtern.
Zwei mögen Gras, eins Blumen
und eins lieber schnuppern.

Willst auch du dich einmal trauen
und wie die Lamas schmatzen und

kauen?

Die Koalas
schlummern friedlich.
Einer rollt sich ein,
einer baumelt und einer
schnarcht niedlich.

Magst auch du dich
an mich lehnen
und zusammen ganz laut

gähnen?

Die Oktopusse können sich gut tarnen.
Einer versteckt sich, und einer versucht
Seegras nachzuahmen.

Doch der dritte
beginnt aufgeregt zu zappeln.
Komm, lass uns auch mit Armen
und Beinen wackeln!

Wollen sich Bienen
den Weg zur
Wiese weisen,
dann hüpfen,
surren und
tanzen sie in
Kreisen.

Komm, lass uns wie die
Bienen brummen
und gemeinsam leise

summen.

Motte winkt. „Kommt alle her!
Zusammen feiern mag ich sehr.
Allesamt sind wir verschieden,
aber mit uns selbst zufrieden!“